AF463311

Lieutenant général **POUZEREWSKY**

LA CHARGE DE CAVALERIE DE SOMO-SIERRA (ESPAGNE)

LE 30 NOVEMBRE 1808

Traduit du russe par Dimitry OZNOBICHINE

CAPITAINE DE L'ÉTAT-MAJOR GÉNÉRAL DE L'ARMÉE RUSSE

AVEC 2 CROQUIS DANS LE TEXTE

PARIS

HENRI CHARLES-LAVAUZELLE

Éditeur militaire

10, Rue Danton, Boulevard Saint-Germain, 118

(MÊME MAISON A LIMOGES)

LA
CHARGE DE CAVALERIE
DE SOMO-SIERRA

Lieutenant général **POUZEREWSKY**

LA CHARGE DE CAVALERIE DE SOMO-SIERRA (ESPAGNE)

LE 30 NOVEMBRE 1808

Traduit du russe par Dimitry OZNOBICHINE

CAPITAINE DE L'ÉTAT-MAJOR GÉNÉRAL DE L'ARMÉE RUSSE

PARIS

HENRI CHARLES-LAVAUZELLE

Éditeur militaire

10, Rue Danton, Boulevard Saint-Germain, 118

(MÊME MAISON A LIMOGES)

PRÉFACE

La charge du régiment des chevau-légers de la Garde de Napoléon Ier à Somo-Sierra appartient au nombre des faits militaires universellement réputés; c'est un exemple classique, cité dans presque tous les manuels de tactique et qui sert à illustrer une des plus importantes propositions de l'art militaire. Quoique quatre-vingts années nous séparent de cet événement, quoique les conditions extérieures du combat aient sensiblement changé, cette charge démontre, jusqu'à ce jour, d'une manière éclatante, l'axiome d'après lequel rien, au combat, ne saurait arrêter une cavalerie vaillante. Et vraiment, en étudiant tous les détails de cette charge, on arrive forcément à convenir que même les conditions actuelles du combat, même les effets des armes à feu perfectionnées, n'eussent probablement pas réussi à arrêter l'élan courageux de cette poignée de cavaliers (l'affaire fut décidée par un escadron), de ces quelques hommes doués de la hauteur d'âme qui de tout temps a su l'emporter sur les difficultés d'ordre matériel.

Cependant, et malgré une quantité relativement suffisante de matériaux, la charge de Somo-Sierra n'a pas été, jusqu'aujourd'hui, l'objet d'une étude spéciale. Voulant donner à mes lecteurs une description aussi détaillée que possible de ce fait d'armes — l'un des plus brillants de l'histoire de la cavalerie — j'ai rassemblé les documents et les sources écrites qui m'ont paru les plus dignes de foi, les plus propres à l'évocation exacte des conditions et des péripéties de la charge, et je les ai étudiés de mon mieux. Mon service à Varsovie (1) m'a placé, à ce point de vue, dans des conditions assez favorables. Malheureusement, aucun de ceux qui ont relaté ce combat n'a laissé de plan ou de croquis figurant le terrain sur lequel a eu lieu la charge. C'est à grand'peine et, grâce à l'amabilité des généraux Petrov et Koverski et d'un savant qui habite toujours l'Espagne et qui a tenu à garder l'incognito, que j'ai pu joindre à cette brochure quelques plans et croquis plus ou moins détaillés ; sur l'un d'eux ont été représentées, d'après mes indications, les positions occupées par les troupes pendant le combat.

La difficulté des relations avec l'Espagne et surtout l'état vraiment embryonnaire dans lequel se trouve jusqu'à ce jour le service cartographique dans cette contrée donnent une certaine valeur aux documents graphiques ci-joints, quoique j'en reconnaisse moi-même l'insuffisance.

Le plan du défilé a été dessiné après l'occupation française, à propos de travaux de fortification ordonnés par Napoléon. La copie que j'en ai reçue d'Espagne m'a été adressée par les soins obligeants de la personne mentionnée ci-dessus.

---

(1) Le général Pouzérewski est chef d'état-major général de la circonscription militaire de Varsovie. (*Note du traducteur.*)

LA

CHARGE DE CAVALERIE
DE SOMO-SIERRA

I

Documents et matériaux.

1. *Notice historique sur le régiment des chevau-légers polonais de la garde impériale, sa formation, son organisation et l'itinéraire de ses marches, ainsi que sur ses campagnes.*

Ce manuscrit, qui provient du colonel Dautancourt, précédemment major dans le régiment des chevau-légers, se trouve à Varsovie, dans la bibliothèque des comtes Krasinski ; il doit, je crois, être prochainement publié (1).

Grâce à l'amabilité du directeur de la bibliothèque, M. Rembowski, l'écrivain et le savant bien connu, j'ai eu la possibilité de faire des extraits de ces mémoires, surtout de la partie où l'auteur décrit la charge et le terrain. Les mémoires de Dautancourt doivent certainement être classés au nombre des documents de première main, en ce qui concerne le fait qui nous intéresse. Ils sont d'autant plus précieux que les marges contiennent des notes écrites de la main d'un témoin compétent, le comte W. Krasinski, qui a commandé le régiment des chevau-légers. Pourtant, à parler ici

---

(1) M. Rembowski a en effet fait imprimer depuis cet intéressant document. (*Note du traducteur.*)

sans aucun parti pris, on aurait pu attendre de Dautancourt beaucoup plus de détails et plus d'exactitude dans les descriptions. Par exemple, on trouve chez lui une indication inexacte de la position qu'occupait dans ce combat l'artillerie espagnole ; cette inexactitude a motivé une correction de Krasinski. Et cependant, cette position de l'artillerie avait, comme on le verra plus loin, une très grande importance, et l'on ne peut comprendre comment une mention erronée a été fournie là-dessus par l'auteur, qui a servi dans le régiment et a été témoin oculaire de la charge.

2. *Les Polonais à Somo-Sierra en* 1808, *en Espagne,* par le colonel Niegolewski. Paris, 1854.

L'auteur de cette brochure a servi dans le régiment des chevau-légers ; il prit part, comme officier subalterne, à la célèbre charge, où il reçut onze blessures. La brochure est de nature polémique ; elle fut suscitée par la publication du célèbre ouvrage de Thiers : « Histoire du Consulat et de l'Empire », ouvrage où l'historien ne décrit pas la charge tout à fait exactement, car il met à la tête des chevau-légers un Français, qui n'y a pas pris une part directe. La brochure de Niegolewski est de première importance et renferme des indications précieuses. Toutefois, Niegolewski avait été envoyé en reconnaissance le jour du combat ; il ne revint qu'au moment où le 3e escadron (celui qui accomplit le fait d'armes), s'était élancé à la charge. Niegolewski se joignit sans retard à la queue de l'escadron et galopa en avant à toute vitesse ; mais son absence du début a été cause qu'il n'a pas eu connaissance des circonstances et des ordres qui ont précédé la charge. Est-ce pour cette raison, ou — ce qui est également possible — par un faux sentiment d'amour-propre national, mais il reste sceptique à l'égard de la part prise à l'action par un Français, le comte de Ségur, lequel a été cependant blessé grièvement dans cette charge.

3. *Wspomnnienia o pulku lekko-konnym Gwardyi Napoleona I, przez caly czas od zawiazania pulku w r.* 1807 *az do konca w roku* 1814. Przez Jozefa Zaluskiego. Wydanie Biblioteki Polskiej. W Krakowie, 1865. (*Souvenirs du régiment des chevau-légers de la garde de Napoléon Ier depuis sa fondation, en* 1807, *jusqu'à sa fin* 1814, par Joseph Zaluski. Edition de la Bibliothèque Polonaise, Cracovie, 1865.)

Zaluski a été officier dans le régiment des chevau-légers de la garde; il fut plus tard général de brigade dans l'état-major des troupes polonaises. Ses mémoires sont écrits d'une façon tout à fait désordonnée, entrecoupés à chaque instant par des digressions agaçantes et, pour la plupart du temps, complètement inutiles; les faits sont entremêles de réflexions qu'inspire à l'auteur sa manie de moraliser ou de redresser des torts. Ses « Souvenirs » n'en sont pas moins un document très précieux pour l'histoire du régiment, particulièrement pour tout ce qui concerne son organisation et son service. Au sujet du combat de Somo-Sierra, l'auteur donne quelques indications qui méritent d'être notées, quoique, dans son récit de la charge, il suive d'une manière générale Niégolewski.

4. *Histoire et mémoires*. par le général comte de Ségur, membre de l'Académie française. Paris, 1873.

Dans le 3e volume (chapitre VIII, pages 275-285), l'auteur donne, avec le talent de description historique qui lui est propre, un récit très intéressant du combat de Somo-Sierra. Il est évident qu'il tend à augmenter le rôle qu'il a joué dans cette affaire; mais cependant ce n'est que chez lui que nous trouvons le récit détaillé des circonstances qui ont immédiatement précédé l'action. Dans tous les cas, les mémoires de cet auteur réputé méritent toute l'attention de l'historien.

5. *Mémoires du général baron de Marbot.* Paris, 1891.

Dans le 2e volume de cet ouvrage, qui a fait tant de bruit et qui a créé à l'auteur une réputation contestable, plusieurs pages du chapitre VIII sont consacrées à un récit fantastique de la charge, écrit d'après des renseignements de seconde main. En dépit d'un talent réel d'écrivain, Marbot était doué d'une si riche fantaisie et d'une crédulité si phénoménale qu'il émaille ses récits de faits extraordinaires, aisément reçus dans le moule enfantin de son esprit; il apparaît comme un nouveau baron de Crac, mais conscient cette fois de ses mensonges. Se trouvant sur le champ même de la glorieuse charge, ayant connu des personnes qui y avaient pris part et des témoins oculaires, Marbot aurait pu nous donner de précieux renseignements sur les épisodes de cette action. Mais tel est son tour d'esprit que ses Mémoires ne nous fournissent à ce sujet qu'un brillant galimatias. En outre, le lecteur est frappé d'étonnement par l'incohérence des remarques tactiques de l'auteur (pages 83-84).

6. *Guerre d'Espagne. Extrait des souvenirs inédits du général Jomini* (1808 1814), par Ferdinand Lecomte. Paris, 1892.

Jomini n'a pas pris part à la charge, mais il a fait la campagne en qualité de chef d'état-major de Ney.

Cet écrivain érudit ne constate, dans sa description du combat que des faits connus par ailleurs; son récit de la charge est presque tout entier exact, mais fort court. A défaut de détails nouveaux, son œuvre n'est cependant pas dépourvue d'intérêt quant à la situation générale et quant à l'enchaînement des événements. Dans tous les cas, je ne crois pas inutile de signaler cet ouvrage du grand théoricien et stratège, acteur et témoin dans la campagne à laquelle appartient l'épisode que nous étudions.

7. *Les bulletins de la Grande armée*, par A. Pascal. Paris, 1844.

Le 4e volume contient le bulletin de Napoléon au sujet du combat de Somo-Sierra. La charge y est décrite brièvement et non sans erreurs. (Voir Appendice I.)

8. *Cavaliers de Napoléon*, par Frédéric Masson. Paris, 1896.

La majeure partie du chapitre III est consacrée à un aperçu de l'organisation et des services de guerre du régiment des chevau-légers de la garde. Masson appartient actuellement au nombre des meilleurs connaisseurs de l'époque napoléonienne. Il est probe et ponctuel dans ses œuvres et se base sur les meilleurs documents, dont un certain nombre, à ce qu'il paraît, ne sont qu'à sa seule disposition.

L'ouvrage cité n'est pas sans intérêt pour l'épisode que nous étudions. M. Rembowski en a donné une appréciation très juste dans le journal « Kurjer Warszawski ».

9. *Les grands cavaliers du premier Empire. Notices biographiques*, par Ch. Thoumas, général de division en retraite. Première série, 1890.

La notice biographique consacrée au célèbre Montbrun contient des renseignements assez détaillés sur le combat de Somo-Sierra. Mais l'absence de sens critique chez l'auteur et l'aspect hâtif de son travail privent l'ouvrage de toute valeur scientifique sérieuse. Le général

Thoumas n'a pas su approfondir les faits qu'il avait relatés ni les apprécier sérieusement.

10. *Histoire du Consulat et de l'Empire,* par A. Thiers, 1846.

Le 33e volume de cette série porte le titre : « Somo-Sierra » et renferme un aperçu très brillant, au point de vue français, des événements d'Espagne ; ce résumé s'étend sur la partie de l'année 1808 comprise entre l'arrivée de Napoléon à Bayonne et l'occupation de Madrid et de Saragosse. Le récit du combat de Somo-Sierra est pittoresque, mais pas toujours exact ni impartial. Les erreurs commises dans la relation ont été énumérées et commentées dans la brochure de Niegolewski, dont j'ai parlé plus haut, non sans chicane de la part de ce dernier.

11. Quant à la marche des événements sur le théâtre de la guerre, on peut consulter un grand nombre d'ouvrages. Le livre célèbre de Napier, sur la guerre d'Espagne, est à recommander spécialement (« Histoire de la guerre dans la Péninsule et dans le midi de la France, depuis l'année 1807 jusqu'à l'année 1814 », par Napier. Paris 1828-1844, t. II, chap. II, pp. 31-36), quoiqu'il ne donne rien de nouveau au sujet de Somo-Sierra.

12. Il existe aussi en langue russe, dans le 3e volume de « l'Encyclopédie des sciences militaires et navales », un excellent article du colonel Mikhniévitch, qui met en lumière le côté stratégique de cette campagne.

II

Organisation et recrutement des chevau-légers de la Garde impériale de Napoléon.

Lors de la guerre de 1807, Napoléon, pendant son séjour à Varsovie, était entouré, comme dans les principales villes de l'Empire, d'une garde d'honneur provisoire, composée de jeunes gens appartenant à la meilleure classe de la société. A Varsovie, cette garde était sous les ordres du comte Vincent Krasinski, futur commandant des chevau-légers. Une partie de cette brillante jeunesse accompagna l'Empereur pendant l'opération de Preussisch-Eylau et sut gagner la confiance de Napoléon par son éducation, sa bonne conduite et son dévouement. Quelque temps auparavant, l'Empereur avait proposé au gouvernement provisoire de Pologne de former un régiment de chevau-légers pour servir dans sa Garde.

Enfin, le 6 avril 1807, au camp de Finkenstein, Napoléon signa le décret de la formation du régiment des chevau-légers polonais de la Garde. Voici les données de ce décret concernant l'organisation :

Le régiment compte quatre escadrons, de deux compagnies chacun.

Chaque compagnie comprend : 1 capitaine, 2 lieutenants en premier, 2 lieutenants en second, 1 maréchal des logis chef, 6 maréchaux des logis, 1 sergent fourrier, 10 brigadiers, 97 soldats, 2 trompettes et 2 maréchaux ferrants.

L'état-major du régiment comprenait, outre le commandant du régiment : 2 majors de la garde (Français), 4 chefs d'escadrons, 1 capitaine instructeur de la garde, 2 adjudants (Français), 4 sous-adjudants polonais, 1 porte-étendard, 4 médecins et 15 hommes de différents grades, avec les attributions de vaguemestre, aide-vétérinaire, etc.

Pour être admis au régiment, il était nécessaire d'être propriétaire ou fils de propriétaire, de n'avoir pas moins de 18 ni plus de 40 ans, et de s'habiller et de s'équiper à ses frais. Ceux qui n'étaient pas en mesure de faire ces dépenses pouvaient obtenir une avance qu'ils étaient tenus de rembourser plus tard.

Les hommes étaient armés de carabines, de pistolets et de sabres. Ainsi, les tableaux d'Horace Vernet et autres, représentant la cavalerie chargeant à Somo-Sierra armée de lances, ne sont pas historiquement exacts, car ce n'est que plus tard, en 1809, après la bataille de Wagram, que le régiment reçut des lances (1).

A l'appel de Napoléon (2), la jeunesse de toutes les régions de l'ancienne Pologne commença à se rassembler ; le régiment fut recruté en grande partie parmi la *Szlahta* (noblesse dans le genre des cadets de Gascogne). Un grand nombre de ces volontaires avaient figuré auparavant dans la garde d'honneur ; c'étaient, pour la plupart des hommes instruits, poussés par l'idée de servir le grand général et empereur, dans la personne duquel

(1) Dans cette bataille, les chevau-légers polonais chargèrent les uhlans autrichiens. Dans la bagarre, plusieurs hommes s'emparèrent des lances de leurs adversaires et en usèrent si adroitement que leurs camarades suivirent leur exemple et s'empressèrent d'en faire autant. Ainsi armés, les chevau-légers, soutenus ensuite par les chasseurs à cheval de la garde, s'emparèrent de 45 canons autrichiens, dispersèrent quatre régiments de cavalerie ennemie et firent prisonnier le prince d'Auersperg. « Qu'on leur donne des lances, s'ils savent si bien s'en servir », dit Napoléon à Bessières. Ce fait eut une grande influence sur l'armement ultérieur de la cavalerie française. (Masson, p. 294.)

(2) Zaluski, pp. 10 et suivantes.

ils voyaient le régénérateur de la Pologne. Le régiment fut incorporé d'emblée dans la Vieille Garde (1).

Le commandant du régiment, comte Krasinski, ne pouvait être, par ses qualités personnelles, qu'un chef plus ou moins nominal. Le premier major nommé au régiment fut Delaitre. Ayant acquis son expérience militaire pendant la campagne d'Egypte, il avait été nommé commandant de la 1re compagnie des mameluks, à la tête de laquelle il se distingua à Austerlitz ; mais il ne put acquérir les notions indispensables à l'instruction d'un régiment de cavalerie régulière.

Le second major, Dautancourt, avait passé la majeure partie de sa carrière dans la gendarmerie ; il connaissait bien la jurisprudence militaire et pouvait contribuer à implanter au régiment un ordre sévère et de la discipline ; mais continuellement absorbé dans des questions d'administration, il ne se trouvait pas toujours au régiment. Aussi toute l'instruction du régiment reposait-elle sur le capitaine instructeur, qui, dans des conditions pareilles, ne pouvait évidemment pas obtenir de grands résultats. Il n'est pas surprenant enfin que, quand Napoléon passa, à Bayonne, la revue du régiment, il se produisit, pendant les évolutions, un désordre complet, désordre qui motiva cette remarque de l'Empereur : « Mais ces jeunes gens ne savent rien ! »

Cet accident fut cause que Napoléon nomma instructeur au régiment son propre aide de camp, le général Durosnel. Celui-ci prit sa tâche à cœur et mit, en deux ans, le régiment à la hauteur du niveau d'instruction militaire désiré (2). Grâce aux éléments dont le régiment était formé, les rapports réciproques des personnes qui le composaient prirent une forme exceptionnelle.

(1) Zaluski, pp. 15-16.

(2) 1 Masson, p. 294 ; Niegolewski, p. 70-71.

Ainsi, par exemple, les officiers, s'adressant aux hommes, leur disaient « Vous » et « Monsieur » (pan), ce qui ne répondait pas très bien aux exigences de la discipline, du moins à ce que nous rapporte Niégolewski. Il raconte qu'au cours de leur marche en France, voulant relever vivement une infraction à la discipline commise par un chevau-léger, il s'adressa à lui en le tutoyant, ce qui amena des résultats favorables ; depuis lors, tous les officiers du régiment adoptèrent la même forme de rapports à l'égard de leurs hommes (1).

Le régiment des chevau-légers se formait à Varsovie, dans les casernes Mierowski (2) ; deux compagnies de 125 chevaux chacune composaient un escadron de 250 hommes, tandis que l' « escadron de combat » se divisait en quatre pelotons à douze rangs. Le premier de ces escadrons, composé de la 1re et 5e compagnies, quitta Varsovie le 16 juin 1807 et se rendit en France, à Chantilly, où le régiment devait tenir garnison. A mesure qu'ils se formaient, les autres escadrons se rendaient à la même destination (3).

A Chantilly, les escadrons furent logés dans les magnifiques écuries du prince de Condé, transformées en casernes. Mais le régiment n'eut pas longtemps la possibilité de jouir des avantages de cette garnison si agréable, car, peu de temps après, il fut envoyé à Bayonne, afin de prendre part aux opérations qu'on préparait dans la péninsule ibérique.

A l'arrivée de l'Empereur, qui vint rejoindre les troupes, les escadrons des chevau-légers, alternant avec

---

(1) Niegolewski, p. 69.

(2) Du temps du règne de la dynastie saxonne, ces casernes servaient à la grosse cavalerie de la Garde et furent ainsi nommées en l'honneur du général Guillaume Miera, d'origine écossaise, qui servait dans les troupes polonaises. (Zaluski, p. 48.)

(3) Zaluski, pp. 48 et suivantes.

les autres troupes de la garde, firent, à tour de rôle, auprès de sa personne, le service de gardes d'honneur (1).

Alors que le régiment était encore en marche vers la frontière d'Espagne, plusieurs fractions avaient été distribuées parmi les colonnes de troupes françaises qui se dirigeaient vers cette frontière. Cette mesure eut d'excellents effets au point de vue de l'établissement de l'ordre et de la correction des rapports à l'intérieur du régiment.

La vie commune, le contact incessant avec les célèbres vétérans de Napoléon, l'éclat d'un ordre extérieur parfait, établi depuis des temps immémoriaux dans la cavalerie française, produisirent une forte impression sur le jeune régiment, qui ne cherchait que l'occasion de prouver qu'il était digne de servir dans les rangs du grand capitaine et de faire cette preuve non seulement au champ d'honneur, mais aussi dans le service quotidien (2).

Les faits mentionnés amènent aux conclusions suivantes :

1° Le régiment des chevau-légers, en ce qui concerne son recrutement, apparaît comme un phénomène d'ordre exceptionnel dans les rangs des armées modernes. Son contingent personnel nous rappelle plutôt les escadrons de chevaliers du moyen âge, où chaque soldat était un champion conscient, mû par une certaine idée pour laquelle il était prêt à sacrifier volontiers sa vie. La jeunesse noble, qui venait former le gros du régiment, apportait avec elle des principes et des sentiments d'honneur et de chevalerie ; elle était en même temps animée par l'idée — vraie ou fausse, c'est une autre question —

(1) Niegolewski, pp. 69 et suivantes.

(2) Zaluski, pp. 54, 55.

qu'en combattant sous les drapeaux du grand capitaine elle travaillait à la reconstitution de sa patrie.

2° Le grand honneur d'être incorporé d'emblée dans les rangs de la Garde impériale et la vie commune avec ces héros, aguerris dans les combats et qui s'étaient couverts d'une gloire immortelle sur de nombreux champs de bataille, devaient contribuer à exalter au plus haut point l'esprit du régiment et l'amener à une intensité de force morale extraordinaire.

3° Le service de garde d'honneur auprès de l'Empereur, dans la personne duquel ils voyaient le futur libérateur de la patrie, contribuait à préparer le régiment à l'accomplissement de tout ce que pouvaient les forces humaines. Il ne manquait encore que l'occasion pour manifester l'esprit héroïque qui enflammait le cœur des chevau-légers, et cette occasion ne se fit pas longtemps attendre.

III

Situation générale sur le théâtre de la guerre.

Les conditions du système continental de Napoléon devaient amener inévitablement, dans la péninsule, une collision avec les deux royaumes dont l'un, le Portugal, dépendait entièrement de l'Angleterre au point de vue économique. En raison de ce fait, Napoléon se décidait à renverser la maison de Bragance, à amener des troupes françaises en Portugal et en Espagne, puis, après avoir occupé une partie de cette dernière jusqu'à l'Ebre, à échanger ensuite ce territoire contre des provinces portugaises, ce qui donnerait aux Français une base solide sur toute la péninsule. Un traité à ce sujet fut promptement conclu avec l'Espagne, dont les affaires étaient dans ce moment aux mains d'un homme célèbre par son incapacité, ses débauches et son égoïsme, le prince de la Paix Godoy, qui gouvernait au nom d'un roi insignifiant, en s'appuyant sur les faveurs de la reine.

Des troupes furent rassemblées à la hâte ; dès le 17 octobre 1807, le 1er corps d'observation de Junot, composé en majeure partie de troupes de marche, se dirigeait vers la péninsule. 3.000 hommes de ce corps, seulement, atteignirent Lisbonne, et dans le plus piteux état. Toute la famille royale avait fui au Brésil. Pour soutenir Junot, des corps d'observation furent aussitôt formés avec les mêmes médiocres éléments : le 2e, commandé par Dupont (28.000 hommes), et le 3e, par Moncey (33.000 hommes). Dans le courant du mois de décembre, le corps de Dupont se concentra entre Burgos et Valladolid ; Moncey se trouvait derrière lui à Bayonne. Un corps de réserve fut ensuite formé et Murat nommé commandant en chef des troupes. En même temps, on s'empara de plusieurs forteresses sur la frontière.

C'est alors que le peuple se souleva et que le roi Charles IV se vit forcé d'abdiquer en faveur de son neveu, le prince d'Asturie. Les Français se portèrent vivement sur Madrid, et, le 23 mars 1808, Murat y fit son entrée. Il ne voulut pas reconnaître le nouveau roi et conseilla à Ferdinand de s'en rapporter à l'arbitrage de Napoléon. Le 20 mai, la famille royale arriva à Bayonne, où elle fut forcée d abdiquer en faveur de l'Empereur des Français et de consentir à vivre en France et à recevoir une pension. La Junte, convoquée à Bayonne par Napoléon, appela au trône d'Espagne le roi de Naples, Joseph Bonaparte ; le trône de Naples, était, en échange, remis à Murat. Ce coup violent porté à la morgue espagnole fit éclater partout avec une véhémence orageuse la rébellion sourde qui grondait jusqu'à ce moment ; en quelques jours, tout le pays était en révolte. Des juntes se formaient dans presque toutes les villes ; celle de Séville, entre autres, acquit une grande importance en qualité de centre militaire. Partout on fit violence aux Français, qui succombèrent de tous côtés sous les poignards et les balles des Espagnols. Les forces militaires de ces derniers, composées de débris de l'armée, de levées récentes, de déserteurs qui abandonnaient en masse les drapeaux des unités entrées dans la composition des corps d'armée français, atteignirent et dépassèrent bientôt le chiffre de 100.000 hommes. Il faut ajouter à ce chiffre un nombre à peu près triple d'insurgés et de milices locales.

Napoléon ordonna alors à Bessières de veiller sur les communications de Madrid avec Bayonne, à Moncey de marcher au-devant des milices aragonaises dans la province de Valence, et à Dupont de se porter avec deux divisions françaises et une division portugaise dans les provinces du Sud, afin de les apaiser; un détachement spécial fut dirigé contre Saragosse. Des colonnes mobiles devaient assurer les communications de Moncey et de Dupont. Une série de victoires remportées par Bessières (Cabezon, Rio-Secco et autres) permirent au nouveau roi Joseph, en s'avançant à petites journées, d'entrer le 20 juillet à Madrid. Néanmoins, on ne parvenait pas à apaiser le pays; les insurgés, dispersés sur un point, se rassemblaient sur un autre, et l'insurrection éclatait de toutes parts.

Les affaires des Français allaient surtout fort mal dans le sud de l'Espagne, où, le 19 juillet, le général Dupont, avec 18.000 hommes, se vit forcé de capituler, à Baylen, devant le général espagnol Castaños. Il va sans dire qu'un pareil fait dut produire une grande impression sur les deux partis et amener d'un côté un nouvel élan de révolte et, de l'autre, la prise de mesures graves pour la réprimer. Le roi Joseph, informé de cette capitulation honteuse, quitta précipitamment Madrid avec ses troupes et battit en retraite sur l'Ebre.

Le siège de Saragosse fut levé le 3 août. Bientôt après, Junot dut, lui aussi, se retirer sur Lisbonne. Les Anglais venant renforcer les Portugais et l'attaque des lignes anglaises ne réussissant pas, Junot se vit forcé d'entrer en pourparlers avec le général anglais. Conformément aux clauses de la capitulation, Lisbonne fut rendue aux Anglais et les troupes françaises transportées en France à bord de bâtiments anglais, sur lesquels la plupart des soldats périrent.

Sur ces entrefaites, Napoléon prend une résolution qui

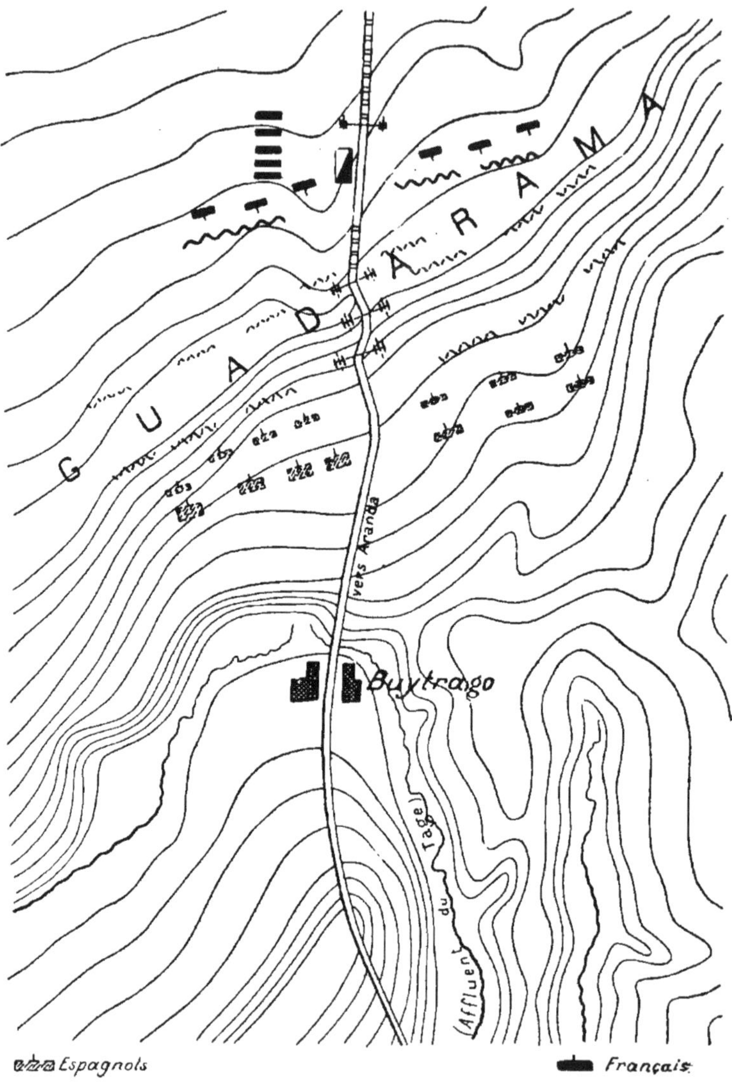

Positions espagnoles et françaises au défilé de Somo-Sierra.

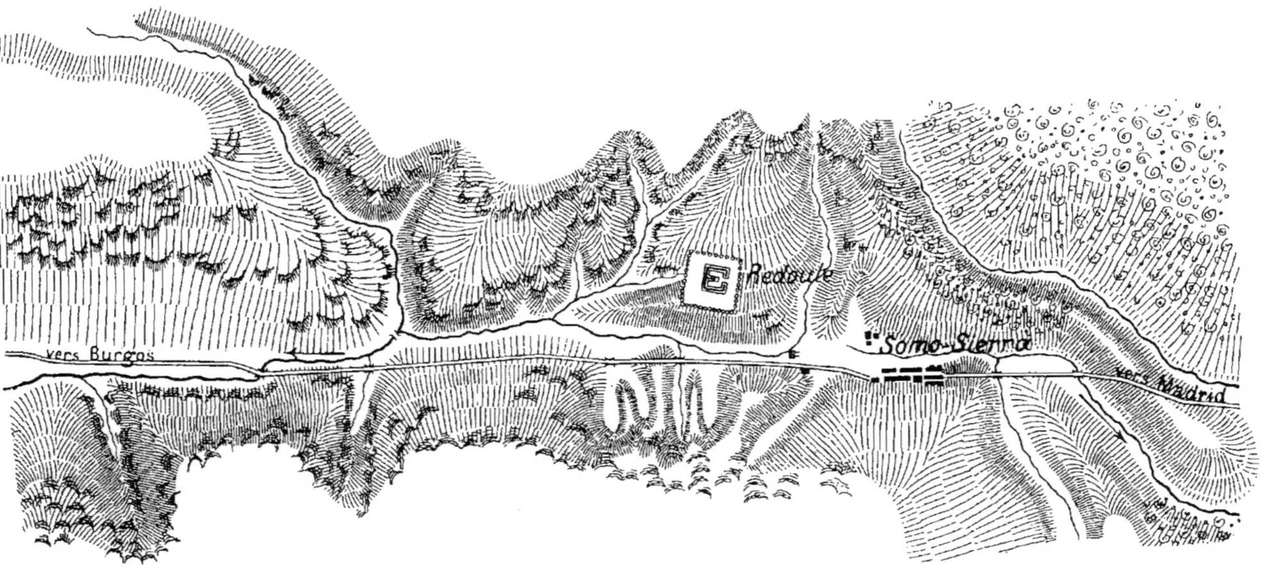

Charge de cavalerie de Somo-Sierra.

répond à son caractère et aux circonstances. Se plaçant en personne à la tête de son armée, il recourt à des mesures énergiques pour en augmenter la force et en améliorer l'effectif. Par une entente diplomatique avec Alexandre Ier, à Erfurt, il se crée une situation politique propice à ses projets. Les corps d'armée de Victor, Mortier et Ney, composés de soldats aguerris, sont vite expédiés d'Allemagne; de nouveaux corps de troupe sont formés; tous les approvisionnements nécessaires à l'armée sont rassemblés à Bayonne. La nouvelle armée, composée des corps d'armée suivants : le 1er (Victor), le IIe (Soult), le IIIe (Moncey), le IVe (Lefèvre), le Ve (Mortier), le VIe (Ney), le VIIe (Gouvion-Saint-Cyr), le VIIIe (Junot), de la réserve de cavalerie (Bessières) et de la garde (Walter), comptait 210.000 hommes. La plupart des corps franchirent la frontière à la fin d'octobre.

Napoléon arriva le 1er novembre à Bayonne et le 5 à Vittoria.

De leur côté, les Espagnols formèrent, à la fin de septembre, quatre armées de force moyenne (sans compter l'armée de la province de Catalogne, où, des deux côtés, opéraient des détachements indépendants). Ces armées comprenaient en tout de 165 à 190.000 hommes, savoir :

1° Sur le flanc gauche, l'armée de la Biscaye (40 à 50.000 hommes), commandée par le général Block, qui avait son quartier général à Santander, plus tard à Bilbao. Le rôle de cette armée était de menacer les lignes de communication françaises de Vittoria à Bayonne;

2° L'armée centrale, dite de l'Estramadure (15 à 20.000 hommes), sous le commandement du général Belveder, qui avait pour but de couvrir la Castille dans la direction de Burgos;

3° L'armée aragonaise (20.000 hommes), commandée

par Palafox, qui défendait la vallée de l'Aragon et couvrait Saragosse du côté nord ;

4° L'armée d'Andalousie (30 à 40.000 hommes), aux ordres de Castaños, qui s'échelonnait de Calahor a Tudela et formait, en somme, le centre de toute la ligne.

En plus de tout cela, 10.000 hommes couvraient Madrid ; en Catalogne, le général Vivès avec 30 à 40.000 hommes bloquait Barcelone, enfin, 30.000 Anglais environ, sous le commandement de Moore, débouchaient du Portugal.

En résumé, les Espagnols, se déployant sur une ligne étendue, s'étaient massés aux deux extrémités en affaiblissant sensiblement leur centre. On voit que cette disposition offrait à Napoléon l'occasion d'appliquer encore une fois sa foudroyante stratégie d'action.

Sur ces entrefaites, les nouvelles reçues par les Espagnols, relativement à l'arrivée de nombreux renforts français, les décidèrent à mettre à exécution le plan d'attaque qu'ils avaient médité depuis longtemps. Ces tentatives restèrent d'ailleurs infructueuses. Pendant ce temps, Napoléon, arrivant à Vittoria, arrêtait le plan suivant : Lefèvre devait tenir contre Block, Moncey contre Castaños et Palafox, pendant que les corps d'armée de Victor, Soult et Ney, avec la cavalerie de Bessières (80.000 hommes en tout), forceraient le centre de l'ennemi ; puis, les deux ailes de l'armée ennemie étant ainsi séparées, ils les vaincraient l'une après l'autre. Mais la marche en avant de Block détermina l'envoi du corps de Victor pour venir en aide à Lefèvre. Ces généraux français furent heureux dans leurs rencontres avec Block et lui firent subir des échecs sérieux ; pourtant, leurs résultats auraient été beaucoup plus décisifs s'ils avaient agi d'un commun accord, au lieu de s'évertuer en sens contraire, ainsi qu'il arriva.

Le 9 novembre, Soult et Lasalle furent dirigés sur Burgos, où le premier remporta une victoire sérieuse; à la suite de ce succès, Lasalle fut envoyé en avant sur Aranda; Victor reçut ensuite l'ordre de marcher sur Burgos, et Ney fut dirigé à gauche, par Aranda, pour tourner Castaños. En même temps, le commandement des troupes françaises sur l'Ebre fut remis à Lannes, qui reçut l'ordre de marcher droit contre Castaños, tandis que Ney recevait celui d'agir sur les derrières de ce général en se conformant aux mouvements de Lannes. Celui-ci remporta sur Castaños et Palafox, à Tudela, une victoire décisive; mais Ney n'eut pas le temps de couper la retraite de l'ennemi. Ayant eu connaissance de ce qui s'était passé, Napoléon ordonna à Ney d'opérer sur la ligne de retraite de Castaños, tandis que Léfèvre se porterait sur Madrid par Valladolid et Ségovie. Junot devait remplacer Lefèvre pendant que Mortier se dirigeait sur Burgos et que Soult, après avoir conquis l'Asturie, se portait sur le versant sud des montagnes pour opérer, d'accord avec Junot, contre les Anglais. Napoléon, avec une fraction du corps d'armée de Victor, la Garde et une partie de la cavalerie de réserve (en tout, moins de 40.000 hommes), marcha droit sur Madrid.

L'aperçu de la situation générale sur le théâtre de la guerre, précédant l'épisode que nous étudions, nous montre qu'à ce moment les circonstances commencent à être favorables pour les Français. Les temps les plus durs sont passés. Des troupes excellentes et nombreuses sont rassemblées, à la tête desquelles l'Empereur s'est placé lui-même; avec sa volonté de fer et son génie, il les dirige vers un but commun. Tout cela se fait bientôt sentir. Ses maréchaux et ses généraux, tout en se disputant entre eux, remportent sur l'ennemi une série de victoires qui auraient été décisives si l'accord avait été meilleur. L'Empereur, enfin, à la tête de troupes d'élite, est sur le chemin direct de la capitale ennemie.

Il en va autrement chez les Espagnols. Le défaut d'unité de commandement, l'absence d'un général en chef qui sache se faire obéir et qui dirige les efforts communs vers un but déterminé, un contingent peu aguerri, tout cela aboutit à une série de défaites, en dépit du grand sentiment de patriotisme dont les troupes sont enflammées. La force de ce sentiment, jointe à la haine pour l'ennemi et à la grande exaltation morale, se manifeste chez les Espagnols pendant toute la guerre avec une intensité telle que, une fois vaincues, les troupes ne perdent pas leurs qualités guerrières ; dispersées sur un point par l'adversaire victorieux, elles se rassemblent immédiatement sur un autre pour continuer la lutte. Au surplus, un grand nombre de guérillas travaillent sans cesse, et avec zèle, sur les communications de l'ennemi.

IV

Le combat de Somo-Sierra (30 novembre 1808).

Ayant envoyé en avant, jusqu'à la chaîne de la Guadarrama, d'abord la cavalerie, sous le commandement de Lasalle, ensuite la Garde, Napoléon quitta Burgos le 23 novembre pour se rendre à Aranda.

Après la défaite des Espagnols à Burgos, la capitale était ouverte à l'ennemi ; mais la junte d'Aranjuez prit la résolution d'envoyer au défilé de la Guadarrama, sur la ligne droite de Burgos à Madrid, tout ce qu'il y avait de disponible dans la capitale. On y expédia les débris de l'armée de l'Estramadure et de la division d'Andalousie. Le chiffre de ces troupes atteignit 12 à 13.000 hommes en tout, sous le commandement du général Don Benito San Juan, homme de courage et de talent. Ce dernier détacha environ 3.000 hommes, qu'il disposa en avant-garde près du village de Sepulveda, sur le flanc droit de la marche française ; le reste fut placé dans le défilé (puerto) de Somo-Sierra, pour y arrêter le mouvement de l'ennemi (1).

La chaîne de Guadarrama, en se développant du sud-ouest au nord-est, coupe la chaussée qui mène directement de Burgos à Madrid. La partie où le passage est le plus difficile à forcer est le défilé de Somo-Sierra, à 60 kilomètres environ au nord de Madrid. La Guadar-

(1) Thiers, t. II, pp. 765-766.

rama forme le dernier obstacle sérieux sur la route menant à la capitale. Le défilé consiste en un chemin escarpé qui monte et descend sur les deux versants opposés de la chaîne. Le relief des hauteurs va en croissant vers l'est, surtout à partir de Cebollera-Vieja et Peños-Monteros-y-Maria, qui dominent le col.

Le pied du défilé est baigné par le torrent de la Peña-del-Joro, considéré comme la source du Duraton, qui de là se dirige sur Jo, en passant par les villages de Siguero et Aldea-la-Peña. La partie ouest de la chaîne, moins élevée, est formée par les hauteurs El-Alto-del-Barrancal, dont un contrefort, quittant la grande chaîne, se dirige vers le nord et forme, à l'endroit de l'embranchement, un grand plateau (1).

Le versant nord, tourné du côté des Français, formait plusieurs terrasses sur lesquelles on pouvait placer des tirailleurs. La grande route, à partir de Bazequillas, traverse une plaine et gagne le village de Cerezo de Abajo, situé à mi-chemin de Bazequillas et de Somo-Sierra (à 11 kilomètres). De là, la route continue à traverser la plaine jusqu'à l'auberge Juanilla et le village Santo-Tome, en longeant la rive droite de la rivière de la Peña ; elle franchit ensuite cette rivière sur un pont et gagne la rive opposée, afin d'éviter les hauteurs qui se trouvent sur celle de droite. En approchant de la passe de Somo-Sierra, le défilé, ainsi que la route qui le suit, font quatre coudes, qu'on pouvait aisément enfiler par le feu des canons placés dans les tournants des coudes. En outre, tout le chemin se trouvait sous le feu croisé des hauteurs avoisinantes. La route aboutit enfin au village de Somo-Sierra (précédé par plusieurs bâtiments isolés), qui se trouve situé, pour ainsi dire, sur la ligne de partage des eaux entre les bassins du Duero

(1) Manuscrit espagnol.

et du Tage, sur une légère pente du côté de la rivière Pilosano, qui tombe dans la Lozoya, affluent du Tage. Le terrain est, sauf dans quelques endroits, très rocheux (1). Les parties adjacentes aux montagnes sont assez plates, couvertes de champs cultivés et en partie de broussailles. A droite de la route, coule un petit ruisseau qui, ensuite, coupe la route à l'endroit où, plus tard, une batterie française prit position et entama une lutte vaine avec les Espagnols. Un peu plus loin, au pied des montagnes, se trouvait un autre pont, où le chemin se retrécit beaucoup et mène droit au défilé. Il faut croire que ce pont fut détruit par les Espagnols et qu'au moment de la charge de cavalerie l'espace fut comblé avec des fascines par l'infanterie française qui se trouvait là. Sur le versant opposé, la passe forme une pente plus douce, et le chemin se dirige vers le village de Buitrago, situé sur la rive droite escarpée de la Lozoya et offrant des conditions favorables pour la défense (2).

Comme nous l'avons dit plus haut, Don Benito San-Juan plaça une avant-garde de 3.000 hommes à Sepulveda, et le restant de ses troupes (environ 9.000 hommes) prit position sur la chaîne des montagnes, ainsi qu'au fond du défilé que les Français avaient à forcer. Une partie des troupes se plaça des deux côtés de la route zigzaguée, de façon à pouvoir repousser l'attaque par le feu des tirailleurs disposés sur deux rangées, l'une au-dessus de l'autre; une autre partie défendait l'accès de la route même et était renforcée par des pièces de canon placées aux angles des coudes. On voit qu'ainsi le défilé, par sa conformation naturelle et par ses moyens de défense, présentait un obstacle des plus dif-

(1) Pour la description du terrain, voir Dautancourt.

(2) Manuscrit espagnol.

ciles, et plus difficile encore si le défenseur avait songé à utiliser des moyens de fortification; les Espagnols croyaient leur position inexpugnable; la junte d'Aranjuez ne songeait pas à quitter sa résidence, comptant que Castaños (qui, à ce moment était déjà vaincu) aurait le temps de tenir entre Somo-Sierra et Madrid pendant que les Anglais, agissant avec lui d'un commun accord, se porteraient aussi au secours de la capitale (1).

Cependant, Napoléon atteignait la Guadarrama le 29 novembre. Il fixa son quartier général à Bazequillas et, montant aussitôt à cheval, alla faire une reconnaissance du défilé. C'est d'après les résultats de cette reconnaissance que furent établis les ordres donnés pour le lendemain (2).

Le jour baissait, lorsque le major Dautancourt, qui occupait les avant-postes avec une partie du régiment des chevau-légers, aperçut, en observant les positions ennemies, de longues lignes de feux de bivouac qui s'étendaient sur la crête des hauteurs des deux côtés de la route, mais surtout à sa droite; des paysans ennemis, qu'on avait saisis, évaluaient à 30.000 hommes les forces de l'adversaire (3).

Les ordres de Napoléon pour le 30 novembre étaient les suivants :

La division Lapisse devait se porter à droite de la route et s'emparer, à l'aube, de la position de Sepulveda; la division Ruffin devait, en même temps, s'emparer du versant nord de la Guadarrama, jusqu'à la hauteur de Somo-Sierra; le 9e léger devait marcher à droite de la route, et le 24e de ligne à gauche, afin de tomber sur les flancs de l'ennemi. Le 94e régiment, avec

(1) Thiers, p. 766.

(2) *Ibid.*

(3) Dautancourt.

la batterie de six pièces de Sénarmont, devait avancer en colonne sur la route. Ces troupes étaient suivies de la cavalerie de la Garde, derrière laquelle se trouvait Napoléon en personne.

A cette époque de l'année, le temps était beau, mais le soleil n'apparaissait que vers midi : de 6 heures à 9 heures du matin, un brouillard épais enveloppait tout le pays, et surtout la partie montagneuse. Napoléon donna l'ordre d'attaquer Sepulveda à 6 heures du matin, comptant s'emparer de cette position vers les 9 heures, c'est-à-dire à l'heure où la colonne dirigée sur Somo-Sierra atteindrait la crête des hauteurs. On devait s'approcher de l'ennemi en se dissimulant et ouvrir le feu quand le brouillard commencerait à se dissiper.

Mais à peine, le lendemain 30 novembre, la colonne dirigée contre Sepulveda s'approchait-elle de l'ennemi que ce dernier, n'offrant aucune résistance, prit immédiatement la fuite dans la direction de Ségovie et se joignit aux fuyards du marquis de Belveder. La colonne qui s'avançait sur Somo-Sierra réussit à s'approcher d'assez près de la position ennemie sans être remarquée ; mais, tout à coup, le brouillard se dissipa, et les Espagnols, non pas pris absolument au dépourvu, eurent le temps de se mettre sur la défensive. Leurs détachements avancés qui se trouvaient des deux côtés de la route furent aisément refoulés par les Français ; mais, sur la position principale, ceux-ci furent reçus par une fusillade meurtrière de la part des Espagnols (1).

Sur ces entrefaites, Napoléon ayant fait une reconnaissance des positions ennemies sous la protection du 3e escadron des chevau-légers polonais, qui, ce jour-là, servait de garde d'honneur, était revenu en arrière dans la direction de Bazequillas et attendait impatiem-

(1) Thiers, pp. 766-767.

ment les résultats de l'attaque. Les difficultés du terrain qu'il fallait surmonter, la nécessité de s'orienter continuellement dans un pays montagneux, où de chaque position s'ouvre un nouvel horizon, la nécessité de partager les troupes en petites fractions, l'impossibilité qui en résulte pour les chefs de les tenir alors aussi bien en main et d'unir leurs efforts pour atteindre le but commun, la dispersion du combat, qui dégénère en tireries partielles, enfin la résistance de l'ennemi, qui des hauteurs dominantes envoyait sur l'assaillant une grêle de balles, tout cela prolongeait la lutte (1).

Pendant que l'infanterie française faisait tous ses efforts pour triompher des obstacles naturels et de l'ennemi, Napoléon, très impatient, s'approcha du défilé non loin de l'endroit où la route commence à monter. Il s'arrêta près du ruisseau, à la place où celui-ci coupe la route et où deux canons français avaient pris position et luttaient en vain contre une artillerie espagnole supérieure. La cavalerie de la garde était en colonne sur la route et le régiment de chevau-légers polonais, placé en tête, s'était déployé à droite de la route ; là, un pli de terrain le mettait à l'abri du feu de l'artillerie ennemie, mais non pas des balles des tirailleurs. L'attaque se prolongeait de plus en plus, et le combat menaçait de devenir sanglant. Napoléon, sans faire attention aux balles qui pleuvaient autour de lui, observait attentivement les péripéties du combat, ainsi que le terrain et l'ennemi.

A ce moment même, où il paraissait complètement absorbé dans cette observation, il donna soudain l'ordre à l'escadron de chevau-légers polonais de son escorte (2)

(1) Ségur, pp. 277-278.

(2) Ce service de garde d'honneur était fait, à tour de rôle, par quatre escadrons de la garde : un de grenadiers à cheval, un autre

de charger immédiatement l'artillerie ennemie, dont le feu balayait la route (1).

L'honneur périlleux d'exécuter l'ordre de l'Empereur échut au 3ᵉ escadron de chevau-légers. Le commandant de l'escadron, Stokowski, n'ayant pas encore rejoint le régiment, le commandement par intérim était exercé par Kozietulski. L'escadron se composait de la 3ᵉ compagnie, du capitaine Dziewanowski, et de la 7ᵉ, du capitaine P. Krasinski. Il comptait probablement douze rangs par peloton, et son effectif s'élevait à 125 hommes environ, y compris les sous-officiers et autres gradés (2).

Ayant reçu l'ordre de charger, Kozietulski forma immédiatement l'escadron en colonne par quatre (la largeur de la route ne permettant pas de se déployer) et, tirant son sabre, s'élança en avant au cri de : « Vive l'Empereur ! »

Les témoins du combat sont en désaccord quant à ce premier instant de l'action, comme ils le sont quant aux instants suivants. Ainsi, Niegolewski, contestant le récit de Thiers (lequel n'est pas exact, car il met à la tête de la charge le général Montbrun, qui n'y a pris aucune part), affirme que l'escadron de Kozietulski, s'étant élancé à la charge, chargea sans hésitation jusqu'au bout. Il faut remarquer, à ce propos, qu'au début de la charge Niegolewski était en reconnaissance ; il ne rejoignit l'escadron que quand ce dernier avait pris le galop de charge. Zaluski confirme l'affirmation de Niegolewski, mais lui-même n'a pas pris part à la charge du 3ᵉ escadron, et il n'a coopéré qu'à la poursuite des Espagnols

---

de dragons, un troisième de chasseurs à cheval et un quatrième de chevau-légers polonais.

(1) Dautancourt.

(2) Zaluski.

déroutés. Nous trouvons, dans Ségur, le récit suivant, plein de couleur et mettant en relief jusqu'à l'auteur :

« On vint annoncer à l'Empereur que la charge de son escadron de service était arrêtée (?), qu'elle avait rencontré un obstacle insurmontable, que l'emporter de front était impossible. C'était en effet par les flancs et par l'infanterie seule qu'il pouvait être surmonté. Mais il n'y avait pas de temps à perdre. Napoléon s'était engagé dans un mauvais pas, il ne voulait pas, devant les troupes, s'en retirer ; les balles, du haut des crêtes, pleuvaient autour de sa tête. C'était bien l'affaire des Polonais, comme garde, d'éloigner ce péril de sa personne. Néanmoins, comme Pirée et Montbrun ignoraient le danger de l'Empereur, ils avaient raison ; et l'on verra trop, tout à l'heure, que, militairement, leur charge, inopportune en ce moment, était impossible.

» Mais, à ce dernier mot, l'Empereur, impatient d'en finir, s'indigna :

» — Comment ! impossible ! Je ne connais point ce mot-là. Il ne doit y avoir, pour mes Polonais, rien d'impossible.

» A quoi Walther, général commandant la garde, s'efforçant de le calmer, répliqua :

» — Sire, un moment de patience, l'infanterie monte sur les flancs, l'ennemi va être abordé de plain-pied sur ses deux ailes ; c'est alors qu'une charge au centre l'achèvera ; il n'aura rien perdu pour attendre.

» L'Empereur ne l'écouta point. Au travers des frémissements de sa colère, j'entendais ses exclamations :

» — Impossible ! Quoi ! ma Garde arrêtée par des paysans !... Devant des bandes armées !

» En ce moment, les balles ennemies redoublaient, et moi, par un mouvement naturel, je m'étais avancé entre elles et Napoléon, le regardant, craignant à chaque instant de le voir atteint, m'animant de son danger et m'exaltant trop de ses paroles, car Walther avait raison. Mais lui, voyant dans mes regards la même irritation qui l'enflammait :

» — Oui, ajouta-t-il, comme si je l'avais interpellé, oui, partez, Ségur, allez, faites charger mes Polonais! Faites-les tous prendre, ou ramenez-moi des prisonniers!

» Partant aussitôt au travers de la forêt mouvante de nos baïonnettes qui hérissaient la route et que, à chaque temps de galop, il me fallait relever pour n'en pas être atteint, j'arrivai au pied du rocher à l'abri duquel l'escadron polonais seul, en avant de l'infanterie, s'était rangé.

» — Commandant, criai-je à Kozietulski, l'Empereur vous ordonne de charger à fond et sur-le-champ!

» Sur quoi, Montbrun fit une exclamation et un geste d'étonnement, sans oser me contredire; mais Pirée répondit :

» — C'est impossible. »

On montra à Ségur la route par laquelle il allait falloir charger, et au bout de laquelle il y avait, à ce qu'on disait, une redoute armée de seize canons; des deux côtés de cette redoute se trouvaient vingt bataillons d'infanterie qui, par un feu concentré et croisé, balayaient la route. Mais tout de même l'ordre de l'Empereur fut confirmé comme irrévocable, après quoi l'escadron s'élança en avant avec héroïsme; il va sans dire que, d'après le récit de l'auteur des « Mémoires », Ségur se trouvait à la tête de l'escadron.

Il se peut bien que quelque chose de semblable ait eu lieu, c'est-à-dire qu'on ait considéré une charge de cavalerie dans de pareilles conditions comme impossible et qu'on l'ait fait observer à Napoléon. Mais il n'y a aucune preuve affirmative que la charge de l'escadron ait été repoussée au début. Si cela avait eu lieu, il est incontestable qu'au moment de l'arrivée de Ségur l'escadron eût déjà essuyé de grandes pertes et qu'il eût été fort éprouvé physiquement et moralement. Cependant, il n'y a eu rien de pareil. D'après les considérations précédentes, le récit de Dautancourt (contrôlé par le commandant même du régiment, par Krasinski) me paraît le plus digne de foi. Il convient seulement de compléter le récit par quelques détails empruntés à Niegolewski et à Zaluski, celui-ci rectifiant celui-là.

A peine l'escadron s'était-il jeté en avant qu'une partie des hommes tomba sous le feu des Espagnols, qui tiraient avec tranquillité et précision sur cette colonne profonde de cavalerie (1). L'escadron, décimé, eut un moment d'hésitation ; mais la présence d'esprit des chefs tranquillisa les soldats (2), et l'escadron s'élança en avant avec un élan et une impétuosité irrésistibles. Quoique au même instant le commandant eût son cheval tué sous lui et que lui-même fût foulé aux pieds des chevaux, il sauta de nouveau en selle et continua la charge. L'escadron galopait toujours en avant à toute vitesse. Ni les chefs ou les cavaliers qui tombaient morts ou blessés, ni les cris des blessés et des écrasés n'arrêtaient cette chevauchée. Rien ne put résister à cet ouragan : les canons qui étaient placés au tournant de la route furent pris ; les servants, sabrés ou dispersés ; la poignée d'hommes demeurés sains et saufs s'enfuit précipitamment jusqu'au sommet du défilé, c'est-à-dire jusqu'à la position principale des Espagnols, où plusieurs cavaliers tombèrent près des canons ennemis, dont le feu enfilait la route. Toute cette charge fut l'affaire de quelques minutes ; les Espagnols, frappés par sa soudaineté, son impétuosité et son énergie, ainsi que par la vue de fantassins français qui s'approchaient, perdirent confiance

(1) Voir Ségur et Dautancourt.

(2) Dautancourt.

dans la force de la position et commencèrent la retraite, qui se changea bientôt en déroute (1).

Pendant ce temps, les Espagnols qui se trouvaient à proximité du terrain de la charge, n'apercevant qu'un petit nombre de cavaliers parvenus sur la position principale, commencèrent à se tranquilliser, et même ils firent mine d'user de cruauté à l'égard des Polonais blessés. Mais Napoléon, qui suivait attentivement la charge et qui voyait que les Espagnols étaient en train de décimer l'escadron par leur feu, lui envoya en renfort une partie des chasseurs à cheval de sa Garde et ensuite tout le régiment des chevau-légers polonais, le 1er escadron de Lubienski en tête. Derrière les Polonais, s'avançait la cavalerie de la garde, et, derrière elle, Napoléon lui-même avec l'infanterie. Les blessés et les mourants poussaient avec enthousiasme l'acclamation ordinaire : « Vive l'Empereur ! »

L'apparition des renforts mit les Espagnols en complète déroute. La cavalerie s'élança à leur poursuite en les sabrant sans donner de quartier, révoltée par les cruautés dont ils s'étaient souillés. La cavalerie, en continuant sa poursuite, s'empara de Buytrago et de la forte position attenante à ce village. Le chemin de Madrid était dorénavant ouvert.

Les pertes de l'escadron étaient grandes et comprenaient presque la moitié de son effectif : 57 hommes tués ou blessés ; parmi les tués ou les blessés mortellement se trouvaient les capitaines Dziewanowski et P. Krasinski et les lieutenants Krzyzanowski, Rowicki et Rudowski (tué sur un canon) ; parmi les blessés, le lieutenant Niegolewski (2). Les contusionnés et écrasés ne sont pas comptés dans cette liste. Certes, les pertes

(1) Dautancourt et le manuscrit espagnol.

(2) Voyez Dautancourt, Zaluski et Niegolewski.

relatives ont été énormes, mais les résultats de la charge méritaient des sacrifices plus grands encore. La charge même appartient sans contredit aux exploits les plus hardis de l'histoire de la cavalerie. Elle couvrit de gloire le régiment, qui, l'année suivante, à Wagram, étonna tout le monde par son audace et l'élan de ses charges.

Quand, le lendemain du combat de Somo-Sierra, le régiment passa devant les bivouacs du corps d'armée de Victor, les troupes lui rendirent les honneurs en criant : « Vivent les braves ! » A ce moment survint Napoléon, qui ordonna à Krasinski de déployer le régiment. Puis, ôtant son chapeau devant le régiment formé en bataille, l'Empereur dit : « Je vous reconnais pour la plus brave cavalerie ! » Après quoi il ordonna de sonner : « Marche ! » et fit défiler le régiment devant lui (1).

---

(1) Annotation de Krasinski en marge des mémoires de Dautancourt. Ce fait est également cité par Niegolewski et Zaluski, qui le tiennent de Krasinski.

V

Remarques.

L'étude du combat que nous venons de décrire permet de formuler, au point de vue stratégique général et au point de vue tactique particulier, les conclusions suivantes :

1° Les conditions générales dans lesquelles se trouvaient les Français la veille du combat de Somo-Sierra leur étaient favorables, non seulement en raison de la supériorité numérique et morale de leurs forces, commandées et dirigées vers un but commun par un grand général, mais aussi par le fait de la concentration de leurs troupes et d'une série de victoires qui préparaient le coup décisif frappé par Napoléon. Il faut remarquer, que, même si Napoléon avait subi un échec tactique à Somo-Sierra, la direction de ses autres corps d'armée envoyés pour contourner les flancs et l'arrière des Espagnols lui assurait certainement un succès stratégique et qu'il devait parvenir quand même à occuper la capitale ennemie, quoique un peu plus tard et probablement au prix de pertes plus considérables en hommes et en matériel.

2° Quelque favorables que les circonstances fussent aux Français, les Espagnols avaient la résolution ferme de défendre leur capitale en prenant position sur la dernière ligne d'obstacles qui se trouvait sur le chemin direct de Napoléon. Ils étaient poussés à cela par le souvenir de récentes victoires remportées sur les Français, ainsi que par un sentiment de patriotisme et de haine pour l'ennemi, haine qui les exaltait souvent jusqu'à la cruauté. C'est à cette intention qu'ils concentrèrent sur la route par laquelle avançait l'ennemi tout ce qu'ils avaient de disponible à ce moment, qu'ils occupèrent une excellente position défensive et qu'ils confièrent la direction de leurs troupes à leur meilleur général; leur confiance dans le succès était telle que la junte d'Aranjuez ne crut pas nécessaire de quitter le lieu de ses séances.

3° La position occupée par les Espagnols était excellente au point de vue passif (c'était le seul mode de défense possible, vu les conditions dans lesquelles se trouvaient les deux adversaires). La position était difficilement abordable non seulement de front, mais aussi par les flancs; elle permettait les étages de feux, commandait de près comme de loin les alentours et se prêtait aux tirs concentriques sur toute la longueur du chemin suivi par l'attaque.

Il n'y avait qu'un inconvénient, c'est que la route, faisant plusieurs coudes, empêchait les défenseurs d'employer simultanément et continuellement toutes les troupes qui étaient près de la route à couvrir de leurs feux le chemin suivi par la charge de cavalerie.

4° Pendant toute la durée de la charge, les Espagnols demeurèrent inébranlables et soutinrent une fusillade calme et nourrie. Le fait qu'ils se troublèrent et se mirent en retraite quand un groupe de cavaliers fondit sur la position principale n'est pas en contradiction avec le fait précédent : c'est le résultat ordinaire d'une charge énergique et subite menée par une troupe qui a décidé de vaincre ou de mourir. Même si les Espagnols avaient persisté dans leur attitude, même s'ils avaient entièrement exterminé les débris de l'escadron de Kozietulski, il ne faut pas oublier que, derrière cet escadron, d'autres escadrons suivaient lancés à toute vitesse, et derrière eux encore l'infanterie. En un mot, l'escadron de Koziétulski, ayant frappé l'ennemi de stupeur et attiré son attention, ouvrait le chemin à tout le détachement et contribuait ainsi fortement à la victoire.

5° L'ordre de charger donné par Napoléon sous une grêle de balles, qui sifflaient autour de lui, et sous l'influence d'un sentiment d'irritation causé par ces « bandes armées » qui osaient lui opposer résistance, à lui Napoléon en personne, cet ordre paraît hâtif et prématuré ; les raisons de bon sens qu'on lui donnait, d'attendre les résultats d'une préparation générale du combat, l'arrivée de l'infanterie, l'action du feu de l'artillerie, etc., semblent avoir été sérieusement fondées. Néanmoins, il faut tenir compte de ce que le grand général avait auparavant fait lui-même la reconnaissance la plus minutieuse des positions ennemies et de ce qu'il avait suivi les péripéties du combat avec la plus grande attention. Il faut croire que, dans ces circonstances, son grand génie, son expérience et son instinct militaire lui avaient inspiré la meilleure solution, et, pour la trancher, il avait choisi une arme d'élite, qui était son escadron d'escorte du régiment polonais de la garde. Il était complètement sûr que ces hommes se feraient tuer sous les yeux de l'Empereur pour exécuter l'ordre qu'ils en avaient reçu.

6° Ainsi que tout le régiment des chevau-légers polonais de la garde, l'escadron de Kozietulski était exceptionnellement recruté. Les hommes étaient pour la plupart d'origine noble, et il n'y avait parmi eux aucun élément dont l'extraction primitive fût un obstacle au développement des idées de noblesse d'âme, de générosité et de dévouement. Sans parler de ce que la majeure partie des hommes du régiment avaient déjà acquis, dans la vie privée, l'habitude du cheval et des soins qu'il exigeait et connaissaient l'art de l'équitation, presque tous s'élevaient, par leur valeur intellectuelle, au-dessus du niveau populaire. De plus — qualité essentielle — en s'engageant sous les aigles de Napoléon, ils apportaient dans leur cœur les sentiments patriotiques les plus chaleureux, ainsi que les plus belles espérances au sujet de l'avenir de leur patrie ; au nom de la Restauration de cette patrie ils se jetaient à corps perdu dans une affaire qui leur était étrangère et ne s'embarrassaient pas des scrupules de conscience qu'ils devaient fatalement éprouver dans cette œuvre destructrice de l'indépendance des Espagnols. Les intérêts de leur patrie primaient tous les autres et les poussaient à verser leur sang sur les champs de l'Espagne au nom des espérances que Napoléon éveillait en eux. Il est clair qu'une pareille troupe était capable d'accomplir les exploits les plus héroïques.

7° Le régiment des chevau-légers avait été admis d'emblée dans les rangs de la vieille Garde de Napoléon. Un si grand honneur poussait inévitablement le régiment à chercher l'occasion de prouver son droit de faire partie des troupes d'élite de l'Empereur, aguerries dans les combats et couvertes de lauriers. La vie commune avec ces braves, les marches et les combats côte à côte, les récits d'un passé glorieux, tout cela devait contribuer encore à exciter l'esprit militaire du régiment. Il avait en outre, comme chef, Montbrun, célèbre général d'avant-postes, l'un des plus brillants cavaliers du premier Empire ; c'est sous le commandement immédiat de ce général que le régiment était appelé à prouver, pour la première fois, sa valeur militaire. Enfin, le régiment agissait d'après les prescriptions directes de Napoléon et sous ses propres yeux ; en particulier, l'escadron de Koziétulski avait reçu de lui-même l'ordre de charger. C'est grâce à un pareil concours de circonstances que le régiment tout entier, et l'escadron de Koziétulski en particulier, put faire preuve d'une si grande abnégation et d'un si grand courage.

8° Le récit schématique de la charge de cavalerie à Somo-Sierra, tel qu'on le trouve dans la plupart des manuels de tactique et tel qu'il apparaît à la grande majorité des militaires, se présente avec quelque chose de légendaire, de surnaturel, et ne contient rien de très instructif. Le voici en quelques mots : Napoléon, avec son armée, s'approche de Somo-Sierra. Les Espagnols, au nombre de 13.000 hommes, avec seize canons, occupent une position sur les hauteurs. Subitement arrêté par l'ennemi, Napoléon ordonne au régiment de Krasinski de charger. Le régiment s'élance en avant en colonne ; le premier escadron est massacré, mais les suivants passent sur les cadavres de leurs camarades et mettent l'armée ennemie en fuite. Voilà, en quelques mots, le sujet du récit le plus répandu qui circule au sujet du combat de Somo-Sierra. En le lisant, on ne peut que se dire que « c'est un miracle ».

Mais les miracles n'appartiennent pas au nombre des moyens que les hommes peuvent réaliser et dont ils peuvent disposer ; c'est pourquoi tous les récits miraculeux ne contiennent rien d'instructif au point de vue pratique, rien qui ne soit en dehors des limites des croyances humaines.

Dans ma description du combat, j'ai essayé, en m'appuyant sur les documents les plus authentiques et les plus véridiques, de reconstituer, autant qu'il m'était possible, les faits tels qu'ils se sont vraiment passés, ainsi que toutes les conditions dans lesquelles l'incident s'est déroulé. Grâce à cela, il n'y est resté rien de miraculeux et d'inexpliquable ; l'intérêt et les conséquences de l'épisode n'en sont pas amoindris, au contraire. Ce n'est pas une cause mystérieuse qui a engendré le fait, mais ce sont des hommes, animés de hautes qualités morales et stimulés par de grandes impulsions qui ont accompli l'exploit. Et leur exploit démontrera toujours la supériorité de l'esprit humain sur les obstacles matériels qui se mettent en travers du but raisonné et précis qu'il poursuit.

Si quelqu'un de mes lecteurs militaires, après avoir pris connaissance du présent récit de la célèbre charge, a acquis la conviction qu'à la guerre « l'impossible devient souvent possible », à condition qu'on ait le courage de le tenter, le but de mon petit travail sera pleinement atteint.

APPENDICE I

Dixième bulletin de Napoléon.

Saint-Martin, près Madrid, le 2 décembre 1808.

Le 29, le quartier général de l'Empereur a été porté au village de Bazequillas.

Le 30, à la pointe du jour, le duc de Bellune (1) s'est présenté au pied de Somo-Sierra. Une division de 13.000 hommes de l'armée de réserve espagnole défendait le passage de cette montagne. L'ennemi se croyait inexpugnable dans cette position. Il avait retranché le col que les Espagnols appellent puerto et y avait placé seize pièces de canon (2). Le 9e d'infanterie légère couronna la droite. Le 96e marcha sur la chaussée et le 24e suivit à mi-côte les hauteurs de gauche. Le général Sénarmont, avec six pièces d'artillerie, avança par la chaussée. La fusillade et la canonnade s'engagèrent. Une charge que fit le général Montbrun (3), à la tête des chevau-légers polonais, décida l'affaire : charge brillante s'il en fut, où ce régiment s'est couvert de gloire et a montré qu'il était digne de faire partie de la garde impériale. Canons, drapeaux, fusils, soldats, tout fut enlevé, coupé ou pris. Huit chevau-légers polonais ont été tués sur

(1) Victor.

(2) Il faut croire que ce bulletin a été rédigé par Ségur (ou bien d'après des renseignements fournis par lui), ce qui explique les erreurs qui s'y trouvent. (A. P.)

(3) Nous savons que ce n'est que par vanité nationale qu'on fait participer Montbrun à la charge, à laquelle il n'a pas pris part. (A. P.)

les pièces, et seize ont été blessés. Parmi ces derniers, le capitaine Dziewanoski a été si grièvement blessé qu'il est presque sans espérance. Le major de Ségur, maréchal des logis de la maison de l'Empereur, chargeant parmi les Polonais, a reçu plusieurs blessures, dont une assez grave. Les seize pièces de canons, dix drapeaux, une trentaine de caissons, deux cents chariots de toute espèce de bagages, les caisses des régiments sont les fruits de cette brillante affaire.

Parmi les prisonniers, qui sont très nombreux, se trouvent les colonels et les lieutenants-colonel des corps de la division espagnole. Tous les soldats auraient été pris, s'ils n'avaient pas jeté leurs armes et ne s'étaient pas éparpillés dans les montagnes.

Le 1er décembre, le quartier général de l'Empereur était à Saint-Augustin, et, le 2, le duc d'Istrie, avec cavalerie, est venu couronner les hauteurs de Madrid. L'infanterie ne pourra arriver que le 3. Les renseignements que l'on a pris jusqu'à cette heure portent à penser que la ville est livrée à toute espèce de désordre et que les portes sont barricadées. Le temps est très beau. (PASCAL. « Les bulletins de la Grande armée », tome IV, pp. 403-404. Paris, 1844.)

APPENDICE II

Jean-Léon-Hippolyte Kozietulski.

Je crois utile de donner quelques renseignements biographiques sur le héros principal de la charge (« Tygodnik Illustrowany », 1861, t. IV, n° 96).

Les ancêtres de Kozietulski (du domaine Kozietul) s'étaient depuis longtemps établis à Czersk et formaient une branche de la famille Skarbek (aux armes de Habdank). Le père de notre héros, Antoine Kozietulski, avait été maire de Bendin.

Jean Kozietulski était né à Skiernewice le 4 juillet 1781. Il entra au corps de cadets, où il termina ses études, et voulut ensuite s'enrôler dans les légions polonaises qu'on formait alors en Italie ; mais son père s'y opposa. Après les victoires d'Iéna et d'Auerstædt, Napoléon, pour des raisons d'ordre politique, résolut d'enlever à la Prusse ses provinces polonaises en appelant les Polonais aux armes. Dombrowski et Wybieki adressèrent, le 3 novembre 1806, des manifestes au peuple, et dès le 24 du même mois Kozietulski entra dans les rangs de la garde d'honneur de Napoléon. Plus tard, une partie de la garde d'honneur fut jointe au corps d'armée du maréchal Lannes, et Kozietulski prit part aux combats de Nasielsk, Pultusk, Hof-Lipstadt, ainsi qu'à la sanglante bataille de Preussisch-Eylau.

Il se distingua partout et mérita par là un prompt avancement ; dès le 7 avril 1808, c'est-à-dire cinq mois après son entrée dans les rangs, il était nommé commandant d'escadron au régiment des chevau-légers.

C'est avec ce grade qu'il partit avec le régiment pour l'Espagne, où, comme nous le savons, il se couvrit de gloire au combat de Somo-Sierra. Pour cet exploit, Kozietulski reçut des mains de Napoléon la croix de chevalier de la Légion d'honneur ; trois ans après, il fut créé baron de l'Empire français (le diplôme a été signé à Saint-Cloud le 26 avril 1811) et reçut l'autorisation d'ajouter aux armes de sa famille : une tour de Castille, un glaive et une bannière.

Par décret du 3 mai 1812, Napoléon le récompensa en lui donnant une propriété dans le département des Bouches-du-Weser, dont le revenu annuel était évalué à 2.000 fr. 11 centimes.

Après Somo-Sierra, Kozietulski se distingua aux combats d'Alcala, de Guadalajara et de Santa-Cruz.

Dans la guerre suivante avec l'Autriche, le régiment des chevau-légers polonais se trouva sur un autre champ d'action, et c'est en faisant des charges réitérées avec son escadron contre les uhlans du prince Schwartzenberg, à la bataille de Wagram, que Kozietulski fut blessé à la tête d'un coup de sabre, ce qui lui valut la croix d'officier de la Légion d'honneur ; en même temps, le prince Poniatowski lui envoyait la croix de chevalier de l'ordre « Virtuti militari ».

Kozietulski fit aussi la campagne de 1812 et, sous les yeux de Napoléon, s'élança tout habillé dans le Niémen et le traversa à la nage avec tout son escadron pour aller combattre des détachements de cavalerie russe qui avaient paru sur la rive opposée. Il assista également au combat de Witebsk et fut grièvement blessé à Smolensk par une balle qui lui traversa la jambe droite. Quand, après le combat de Malo-Jaroslawetz, les Cosaques se jetèrent sur les derrières du bivouac français, Napoléon lui-même fut en grand danger d'être fait prisonnier, et ce n'est peut-être que grâce à l'action brillante de la cavalerie de la Garde qu'il y échappa. Le régiment de chevau-légers y participa avec les autres, et, dans cette occasion, Kozietulski fut de nouveau blessé deux fois : il reçut une balle et un coup de lance dans la poitrine ; il fut, en récompense, promu par Napoléon au grade de colonel-major sur le champ de bataille même.

Dans la campagne suivante, Kozietulski se distingua dans les combats de Bautzen, de Reichenbach, à l'attaque du cimetière de Dresde, à Altenbourg, Weimar et Hanau, et fut de nouveau blessé.

Dans la campagne de Hollande, il commanda à Bréda un régiment, et, le 22 août 1814, ayant été appelé à commander les éclaireurs de la garde et la 1re brigade, il étonna même les Français par sa conduite héroïque sous les murs de Paris.

Après la fin des campagnes de Napoléon, Kozietulski retourna dans sa patrie. A l'époque de la création de l'armée polonaise, il fut nommé, le 20 mars 1815, commandant du 4e régiment de lanciers.

Mais les fatigues endurées ainsi que les blessures avaient ébranlé sa santé, et, au mois de juin 1815, il fut forcé de prendre un congé d'un an, à la fin duquel il revint se mettre à la tête de son régiment.

Dans ses moments de loisir, Kozietulski a écrit les « Règles de l'équitation et du maniement du sabre et de la lance pour la cavalerie légère ». En dehors des renseignements purement techniques que renferme cet ouvrage, on y trouve des remarques qui prouvent la justesse de sa manière de voir en ce qui concerne l'éducation morale du soldat. En interdisant les manières brutales et sévères à l'égard des hommes, il dit : « La brutalité démontre ordinairement votre ignorance ; elle détruit le sentiment de l'honneur qui doit former l'âme du soldat. »

Kosietulski était très pieux; il se fit, en 1813, membre de la société de la garde du Saint-Sépulcre à Jérusalem.

Le 5 mai 1818, Kozietulski fut décoré de l'ordre de Sainte-Anne de seconde classe; au mois d'octobre de la même année, il fut forcé de reprendre un congé de six mois pour soigner ses blessures. Au mois d'avril 1820, il rendit le commandement de son régiment, fut inscrit « à la suite » et, le 26 mai, mourut à Varsovie, dans la rue Lezno, à l'âge de 39 ans.

Ses cendres reposent dans le caveau de sa famille, dans l'église de Bielsk, près de Groizy.

En terminant cette simple énumération de faits tirés de la vie de ce vaillant guerrier, je compte répondre par là même aux observations de quelques personnes, dont l'esprit étroit et jaloux est prêt à voir, dans des exploits pareils à celui de Kozietulski à Somo-Sierra, un simple « hasard », et qui racontent volontiers des histoires comme celle-ci . « Le cheval s'est emballé : voilà tout l'héroïsme. »

Doués d'une âme vile, incapables d'élever leur esprit au-dessus d'intérêts purement matériels, ces jaloux et ces chercheurs de bonnes occasions oublient que le cheval peut s'emballer en arrière aussi bien qu'en avant, et que ce qui ne pourrait être appelé « simple hasard », c'est le fait que les chevaux de ces messieurs s'emballent toujours en arrière et ceux des Kozietulski toujours en avant. Ce vaillant soldat a maintes fois payé de son sang son dévouement à son devoir tel qu'il le comprenait; il nous donna l'exemple d'un cavalier héroïque et en même temps modeste, qui ne connaît pas d'obstacles dans le combat.

Vivant selon les idées politiques de son temps, il combattit contre la Russie, mais, néanmoins, au point de vue de la valeur militaire, il n'est pas moins admiré en Russie que partout ailleurs.

TABLE DES MATIÈRES

Paris et Limoges. — Imprimerie militaire Henri CHARLES-LAVAUZELLE.

www.ingramcontent.com/pod-product-compliance
Ingram Content Group UK Ltd.
Pitfield, Milton Keynes, MK11 3LW, UK
UKHW021013200726
13857UKWH00004B/1415